Nacho Muñoz

ABUNDANCIA SUBCONSCIENTE

Cómo eliminar los Bloqueos Subconscientes del dinero

Una producción del
Equipo de OlsanaMind

ABUNDANCIA SUBCONSCIENTE

Dedicado a mi mujer, Sara Duarte, por haberme transformado con su amor y valentía en la vida. A mi hijo Oliver por enseñarme lo que es la verdadera felicidad, y a mis padres y hermanos porque con cada uno de los minutos que he vivido con ellos me han hecho la persona que hoy soy.

GRACIAS.

ABUNDANCIA SUBCONSCIENTE

Descubre qué es lo que te impide ser abundante, tener libertad financiera, tiempo libre y vivir de lo que te apasiona.

Es hora de cambiar eso. Te mereces recuperar tu derecho a tenerlo todo y yo voy a contarte cómo conseguirlo.

¿Estás preparado para descubrirlo?

Nacho Muñoz
CEO de OlsanaMind

DEDICATORIA

De: _____

Para: _____

Fecha: _____

Estos son los 3 Deseos de Abundancia que yo te regalo. Al leerlos pensé en ti.

DESEO 1: _____

DESEO 2: _____

DESEO 3: _____

ÍNDICE

Aquí empieza tu viaje
hacia la abundanica

POR QUÉ HE
ESCRITO ESTE LIBRO

Antes de que te adentres en el contenido del libro, quiero explicarte su origen, por qué lo he escrito.

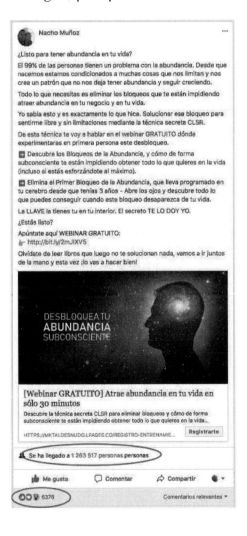

Todo comienza por este post en Facebook que acabas de ver. Un post sobre mi **Masterclass "Desbloquea tu Abundancia Subconsciente"** con la que pretendo ayudar al mayor número de personas a atraer abundancia a sus vidas.

Nunca imaginé que se haría viral y llegaría a más de 1.260.000 personas o tendría cerca de 6.400 "Me gusta". Y las cifras no paran de subir.

Viendo el gran interés que este asunto ha despertado, me vi en la obligación de dar una paso más y crear un nuevo recurso —en distinto formato y más extenso— con el que continuar ayudando a las personas a eliminar sus bloqueos mentales de la abundancia.

Y así nace "Abundancia Subconsciente", este libro que hoy ha llegado a ti.

OLSANAMIND

Desde pequeñitos nos han inculcado la idea de que no se puede tener todo en la vida. De que debemos elegir:

— *"Si quieres tener éxito y dinero deberás trabajar duro y renunciar a tener tiempo libre, salud e incluso pareja y amigos".*

— *"Si quieres tener tiempo libre para disfrutar de tu familia y amigos tendrás que conformarte con un trabajo a media jornada, mal remunerado y que no te guste".*

Pero... ¿por qué?

Todos tenemos derecho a tener un buen trabajo, a tener salud, a tener tiempo libre para disfrutar de nuestra familia... y a todo aquello que nos haga feliz.

Para eso nació OlsanaMind, para ayudar a las personas a recuperar su derecho a tenerlo todo.

Para ayudarles a romper con la creencia popular del "esto o esto" y comenzar a pensar en que pueden tener "esto, y esto, y esto".

En OlsanaMind llevamos ya 8 años ayudando a inconformistas a recuperar su derecho a tenerlo todo en la vida a través del desarrollo personal.

Por nuestras formaciones han pasado a lo largo de estos años miles de alumnos que, a través de técnicas como el coaching, la hipnosis o la meditación, han roto las barreras mentales que le impedían tenerlo todo y han construido la vida que de verdad querían:

"Ha sido como quitarme un gran peso de encima, de liberarme de lastres q sentía q eran míos. Ya no soy el mismo, tengo fe, paz, y un total convencimiento de q yo soy el creador de mi vida. Todos los días hago mis hipnosis, y escucho los audios, hoy os puedo decir que dentro de mí me siento abundante, y que solo es cuestión de tiempo que eso se vea reflejado en lo exterior".

Iban Saidi (España)

"He descubierto bloqueos que tenía y los he desbloqueado de mi forma de pensar. Algo ha cambiado en mí y tengo más ilusión por un futuro nuevo haciendo que mi vida sea más abundante en todos los aspectos. Se ha transformado mi forma de pensar, ya no me conformo con un trabajo a turnos y trabajando por cuenta ajena, no; ahora me he planteado un negocio digital para tener mi libertad económica y emocional".

Belén de la Cruz (España)

"Ha sido una muy grata experiencia. El programa me ha encantado, es fácil de seguir en el día a día, si bien hay que tener cierta constancia para modificar los paradigmas adquiridos, esto llevará más tiempo pero será más fácil habiendo tomado consciencia y habiéndome comprometido al cambio."

Iñigo López (España)

Y detrás de OlsanaMind hay un grupo humano, capitaneado por Nacho Muñoz, que trabaja a diario para ayudar a todos nuestros alumnos a alcanzar sus metas.

Un trabajo que hacemos bajo el paraguas de cinco pilares fundamentales que hemos interiorizado y convertido en nuestros valores de empresa:

1. Innovación,

2. Integridad,

3. Honestidad,

4. Liderazgo y

5. Mente Abierta.

Te invitamos a conocer más sobre nosotros y nuestras formaciones en nuestra web **olsanamind.com**

NACHO MUÑOZ

Hola, soy Nacho Muñoz, CEO de OlsanaMind y solo quiero darte algunas pinceladas de quién soy, ya que a lo largo del libro me conocerás más a fondo.

Antes de llegar al mundo del desarrollo personal he sido, entre otras cosas, policía en Madrid y me he arruinado invirtiendo en bolsa. Luego conocerás todas estas historias detalladamente.

Estas circunstancias me llevaron a descubrir el mundo del desarrollo personal y eso cambió mi vida. He realizado cursos y másteres de coaching, de Programación Neurolingüística (PNL), de hipnosis y de espiritualidad, entre otros muchos. Nunca he dejado de formarme.

Han pasado 8 años y en ese tiempo han sido miles las personas a las que he conseguido ayudar a través de OlsanaMind, Hipnosis 360 y Hazte Oír.

Todo lo que he logrado se lo debo al desarrollo personal y ahora quiero compartirlo con los demás. Por eso he escrito este libro. Para ayudarte a cambiar tu concepto del dinero y que logres atraer abundancia a tu vida.

"Tu vida cambia en el momento en que tomas una decisión nueva, congruente y comprometida"

Tony Robbins

INTRODUCCIÓN

Querido lector:

En este libro descubrirás por qué todavía no eres abundante, libre financieramente y en todos los sentidos. La razón reside oculta en el lugar donde menos querrías mirar; en mi caso en una celda de la cárcel de Carabanchel en Madrid. Si no la buscas en el lugar correcto, no la encontrarás.

Cuando termines de leer este libro:

- Sabrás, por fin, la verdadera razón por la que aún no has creado la vida que deseas, por la que aún no has logrado la libertad financiera.

- Conocerás los 3 bloqueos subconscientes que he descubierto después de trabajar en mi consulta privada de hipnoterapia con más de 2.500 personas en los últimos 6 años.

En nada te cuento más sobre hipnoterapia, pero ahora vamos con lo importante.

Según Amazon, solo el 10% de las personas pasan del capítulo 1 de los libros. Esto significa que el 90% de la gente que compra un libro como este, no lo lee.

Y si no lo lee, no hay resultados.

Así que, ¿qué puedo hacer para convencerte de que lo leas?

Fácil.

Para que yo descubriera este sistema han tenido que pasar muchas cosas y mucha gente por mi consulta.

Pero para que tú descubras tus bloqueos solo tiene que pasar 1 cosa: que leas este libro. De la primera página a la última.

MI COMPROMISO CONTIGO

He escrito el libro pensando en ti, sabiendo que no tienes tiempo y que necesitas obtener resultados ya. Así que no me voy a andar por las ramas, iré al grano, a lo importante.

No hay un solo capítulo de relleno.

Desde el inicio nos pondremos a trabajar con tu mente y tu abundancia.

Si esto fuera un vídeo en internet te diría que no sé hasta cuándo estará disponible, porque normalmente voy cambiando los vídeos o publicando nuevos.

Esta circunstancia hace que pueda decirte que tienes que ver el vídeo ahora porque después quizás no esté disponible.

Pero este libro está en tus manos, así que no puedo usar ese argumento.

Lo que sí puedo decirte es que si dejas de leer este libro antes del capítulo 1 es muy probable que no lo vuelvas a coger para leerlo entero.

Así que hazte un gran favor y léelo en un día.

¡Sí! En un solo día.

No es un libro largo y está escrito de manera conversacional, tal y como hablo con mis clientes en mi consulta privada.

Solo estás a 2-3 horas de desbloquear tu mente subconsciente.

Este libro es diferente a todo lo que hayas podido leer hasta ahora.

No está escrito por un escritor, sino por un hipnoterapeuta.

¿Qué significa esto?

Que lo que vas a leer no es una novela. Tampoco es un libro sobre hacerte rico de la noche a la mañana. Ni siquiera es un libro sobre cómo invertir en bolsa, en bienes raíces o emprender un negocio para hacerte millonario.

Es un libro para que identifiques quién es el culpable de que no tengas abundancia en tu vida y comiences a eliminar los bloqueos que te impiden alcanzarla.

Créeme, he leído casi todos los libros sobre el dinero que existen:

- Padre rico, padre pobre.
- Mente millonaria.
- El millonario de la puerta de al lado.
- Piense y hágase rico.
- Vivir con abundancia.

- Vuélvete millonario.

Y todos son geniales, pero si tienes bloqueos subconscientes no te funcionarán. Y es una pena, porque su contenido (el de cualquiera de ellos) en brutal… pero, insisto, si tienes bloqueos subconscientes, por más que leas, lo que harás es reforzar estos bloqueos y empeorar tu situación económica.

Y por eso he escrito este libro. Para que ELIMINES TUS BLOQUEOS y puedas aprovechar todo el bien que estos libros pueden aportarte para hacerte rico.

¿FUNCIONARÁ CONMIGO?

Todo lo que acabo de explicarte sobre eliminar bloqueos es posible que sea nuevo para ti y tengas un montón de dudas sobre si funcionará contigo o no.

Por eso quiero que sean algunas de las personas que ya han asistido a nuestro seminario online gratuito **Desbloquea tu abundancia subconsciente** las que te cuenten su experiencia y si les funcionó o no:

"Ha sido brutal cuando me he dado cuenta de una creencia que tenía desde pequeño y, que ni siquiera la tenía latente, me estaba bloqueando. Cuando me he dado cuenta en una sesión de hipnosis, casi me pongo a llorar de alegría al tomar conciencia de por qué todo lo que conseguía o me compraba, una vez que lo tenía, ya no lo disfrutaba. Es más, como si me molestase tenerlo… Ha sido genial pasar esa barrera y empezar a querer más las cosas y disfrutarlas".
Pedro Freán. (España)

"Soy trader y he conseguido vencer el miedo a perder. He adquirido fuerza y confianza en mí misma. He vencido patrones antiguos que no ayudaban y he instalado programas nuevos que sí ayudan. Ahora yo creo mi vida".
Ruth. (España)

"He cambiado la forma de sentirme con respecto al dinero y en general a mi relación con la abundancia. Algo muy sorprendente es que tengo una empresa y los clientes parecían haberse espantado, ya que no llamaban, no respondían llamadas, no nos buscaban... pero después de llevar 5 días con Abundancia Ilimitada empezaron a llegar correos, solicitudes de propuestas y ¡un cliente en particular nos llamó para pedirnos que le facturáramos 10 mil dólares para un programa de trabajo por adelantado!".

José Angarita. (Colombia)

"Mi situación ahora está llena de vitalidad y energía en el área financiera muy distinta a cuando comencé el curso. He logrado desbloquear patrones subconscientes que me han permitido cambiar de perspectiva en relación al tema financiero. Se ha transormado mi actitud, mi energía, mis acciones, la seguridad y confianza en mí misma".

Laura Ortiz. (España)

"Mi situación es de certidumbre acerca de cómo funcionan las cosas que afectan a mi situación financiera. Me he liberado de mis tabús e ideas equivocadas acerca del dinero, he logrado decidirme a tomar las estrategias necesarias para generar prosperidad en mi vida. Ha transformado mi manera de pensar y de actuar respecto al dinero y a su manejo adecuado para sanar mis finanzas".

Armando Medina. (México)

Muy enriquecedora, he aprendido muchísimo de cómo salir adelante, de mis errores, mis fallos y cómo debo corregirlos para conseguir vivir mejor a nivel económico y personal. He aprendido que debo ser más organizada en mi vida, llevo un caos en ella y eso me ha llevado a más caos cada vez sin darme cuenta de ello. Se ha transformado mi ser por completo. Ahora sé todo lo que debo corregir en mí para poder tener Abundancia Ilimitada y lo mejor es que estoy 100% segura de que lo voy a conseguir

Aurora Busto (España)

¿QUÉ ES PARA TI TENER ABUNDANCIA?

Te he prometido ir al grano con este libro; no quiero que pierdas ni un segundo más en conseguir lo que han logrado las personas que acabas de leer.

Así que comencemos a trabajar tu cambio hacia la abundancia desde este momento. Para ello te propongo lo siguiente...

Quiero que escribas en un folio (o en este mismo libro) que es para ti tener abundancia y por qué no la has conseguido hasta ahora.

Escríbelo aquí:

_____

_____

_____

_____

_____

_____

_____

_____

_____

_____

_____

_____

_____

_____

_____

_____

_____

_____

_____

_____

_____

_____

¡Perfecto!

Al final del libro —una vez lo hayas leído— entenderás por qué te he hecho esta pregunta y el objetivo que perseguía con ella.

COMPARTE EL CAMBIO Y GANA ABUNDANCIA

Abundancia es compartir, ¿no crees?

Por eso quiero pedirte que, **cuando recibas el libro, te hagas una foto con él, la subas a Facebook o Instragram** y le cuentes a tus amigos que has optado por volver a recuperar tu derecho a tenerlo todo y que ya tienes el libro *Abundancia Subconsciente.*

Utiliza para ello el hashtag **#SoyAbundante.**

Cada mes sortearemos, entre todos los participantes, un **Pack de Abundancia** para la fotografía más original. Recuerda utilizar el hashtag **#SoyAbundante** para que podamos ver la foto y puedas optar al sorteo.

Y ahora, hagamos un trato…

Lee el primer capítulo, son menos de 10 páginas, unos 15 minutos de lectura.

Con esto ya serás del 10% de personas que terminan al menos 1 capítulo. Te diferenciarás del 90% que nunca llega a leer ni siquiera al primer capítulo de los libros que compran.

Piénsalo, ¿qué respeto le muestras a tu dinero, al que te has gastado en este libro, si después de pagarlo, de tenerlo en tus manos, no lo lees?

Así que...

¿Me acompañas durante el primer capítulo donde descubrirás la base científica de todo esto para que luego puedas decidir si seguir leyendo o no?

¡Genial!

SI TÚ PUEDES HACERLO, YO PUEDO HACERLO

Antes de ir al primer capítulo quiero advertirte de algo y también que grabes una frase en tu cabeza.

"Si tú puedes hacerlo, yo puedo hacerlo."

Quiero que te repitas esa frase en tu cabeza una y otra vez y que pienses que si yo pude hacerlo, tú también podrás.

Porque aunque hoy sea un autor de libros bestsellers, dueño de 3 compañías de educación online que facturan más de 500.000€ al año y un hipnoterapeuta y emprendedor en demanda continua, esto no ha sido siempre así.

De hecho, ha sido todo lo contrario hasta hace menos de 6 años.

Mi búsqueda para la generación de dinero empezó de una manera un poco rara.

Cuando tenía 13 años decidí que quería ser bombero. Un vecino mío lo era y me atraía esa idea de trabajar poco tiempo y ganar mucho dinero (o lo que me parecía mucho dinero por aquel entonces).

Por eso me centré en estudiar y aprobar las oposiciones de bombero y así poder trabajar solo 1 día y librar 7 (o algo así era el turno) y ganar 250.000 pesetas al mes (unos 1500 euros).

Por diferentes circunstancias, al final no salieron las oposiciones para bombero y terminé aprobando, con 23 años, las de policía. Y, aunque no era lo que yo quería exactamente, tampoco estaba mal. Trabajaba 7 días, libraba otros 7 y ganaba 2.150€ al mes. Algunos meses incluso más.

Pero... y aquí viene la bomba...

Un día, un compañero, en el cambio de turno de noche, me regaló un libro y me dijo estas palabras: *"Toma Nacho, léete este libro, tú que estas jodido de dinero, te va a gustar"*.

Y me dio un libro sobre cómo invertir en bolsa.

Me lo leí en menos de 6 horas.

Teniendo en cuenta que era el segundo libro que leía en mi vida (aparte de los temarios de las oposiciones) el solo hecho de que me llamara la atención como para leerlo, era muy significativo.

Ese libro, igual que espero que este lo haga en ti, instaló en mí una creencia: *"No tenía por qué conformarme con un sueldo bueno y «poco» en algo que no me gustaba. Podía ser rico, ser libre financieramente y poder vivir en cualquier parte del mundo"*.

Y todo esto lo despertó ese libro sobre la bolsa.

¿Qué hice con él?

Ponerlo en práctica.

Me obsesioné con aprender cómo lograr hacerme millonario con la bolsa y en 90 días estaba listo para invertir.

Solo tenía un pequeño problema: no tenía un euro.

Así que, de la última tarjeta de crédito que me quedaba con dinero, invertí 3.000€ en divisas.

Y pasó "lo peor que podía pasar"...

Con 3.000€, en 1 mes, gané ¡9.000€!

¡Eso eran 3 meses de sueldo!

Mi mente me dijo: *"Ya te puedes retirar, Nacho, ¡bien!"*

Y me pregunté: *"¿Cómo puedo ganar 90.000€ en vez de 9.000€?"*

La respuesta vino rápido a mi mente: *"Pide dinero a tus compañeros para que inviertan contigo, les das un porcentaje, y así tú ganas más y ellos también"*.

Y eso hice.

En menos de 48 horas logré que 3 compañeros me ingresaran 30.000€ con la promesa de que iban a ganar un 5% al mes, y que estaba garantizado que no podían perder.

3 meses después de empezar este "negocio" pasó lo inevitable.

De repente perdí en la bolsa todo el dinero.

Y quiero que te imagines la situación:

Estaba ganando de 500 a 1.000€ al día con mis inversiones y, a la vez, gastándome de 500 a 1.000€ al día en llevar un estilo de vida ostentoso; incluso grotesco.

De repente, lo perdí todo.

Fue devastador, no sabía qué hacer; y créeme, lo intenté todo para recuperarlo.

Acabé con 50.000€ de deuda.

A mis compañeros les devolví el dinero, cada euro más sus intereses, pidiendo para ello un préstamo y vendiendo mi coche y mi moto.

Les dije: *"Tomad vuestro dinero y lo que hemos ganado este mes. Vamos a dejar la bolsa de momento que está la cosa movida, hay que quedarse fuera un tiempo para no perder".*

Se quedaron tranquilos y yo cumplí mi palabra. El único que no estaba tranquilo era yo. Estaba arruinado, avergonzando y hundido.

Estuve 2 años haciendo de todo para salir de esta situación: leyendo libros, haciendo cursos, todo lo que encontraba sobre la bolsa lo intentaba y nada funcionaba.

Por una simple razón: mi mente me saboteaba cuando ganaba y cuando perdía, y al final siempre me hacía perder más y más dinero.

En ese proceso de perder dinero —y tiempo— estaba tan hundido mentalmente que estuve enfermo durante meses, sin poder ir a trabajar a la policía. Y esta baja, aunque prescrita por el médico, no era algo mental, era una baja por vergüenza.

De repente, un día se cruzó por mi navegador de internet un libro que lo cambió todo:

Psicología del trading de Brett N. Steenbarger.

Este libro despertó mi curiosidad sobre cómo la mente y nuestra psicología son las responsables de que no seamos ricos y nos saboteemos a nosotros mismos.

A partir de ahí, comencé una búsqueda insaciable de información sobre ello.

Estudié coaching, programación neurolingüística (PNL) y psicología. Pero nada de esto terminaba de funcionar. Yo seguía con mis deudas, seguía perdiendo dinero. Hasta que un día una amiga me invitó a un espectáculo de hipnosis.

Vi el poder de nuestra mente subconsciente y cómo esta creía, por ejemplo, que *"estabas pegado a una silla"*. No te podías mover. Tu cuerpo no respondía. Incluso si el hipnotizador le decía a la persona que no veía algo, ella no lo veía. Esto se lo hizo a mi amiga y no me veía.

Yo era invisible para ella. Igual que las oportunidades de ganar dinero eran invisibles para mí hasta ese momento.

Me enamoré de la hipnosis y me puse a estudiarla. Hice cursos, contraté terapeutas y fui a ponencias. Y en el proceso de trabajar mi subconsciente, logré cambiar mis patrones del dinero.

Sin quererlo, había descubierto la razón por la que la gente no tiene abundancia. Me topé por accidente —y por cabezonería— con un método para desbloquear nuestra mente subconsciente.

Lo usé para mí mismo y pasé de -50.000€ en un trabajo que no me gustaba a ganar más de 500.000€ al año haciendo algo que me gusta y que me permite tener la vida que siempre había soñado.

Y no solo eso, se lo he enseñado a cerca de 400 personas y todas han mejorado su situación financiera. Ojo, no es magia, ni yo soy mágico, simplemente me topé por necesidad con un método que funciona.

Y a día de hoy lo he convertido en mi misión. Quiero trasmitir este método para que más gente pueda dejar sus trabajos, vivir como se merece y tener tiempo libre.

Estás a unas páginas de ver cómo conseguirlo.

Tú eres quién repele el dinero

Antes de comenzar a ver el sistema, tenemos que desenmascarar el verdadero problema al que nos enfrentamos.

El 90% de los millonarios, son hijos de millonarios. Y mi intuición me dice que si estás leyendo este libro es porque tus padres no lo son.

Piensa esto…

Una persona que no sabe lo que es un Ferrari, por ejemplo un miembro de una tribu africana, no podrá desearlo. Pasa lo mismo con el dinero. Si no sabes lo que es ser rico, no puedes quererlo.

E incluso voy más allá.

Si han programado tu mente para que pienses que los ricos son malas personas, es imposible que quieras ser rico porque serías una mala persona.

Dime tú quién, de niño, escuchando estas cosas va a decidir que son mentira y que sí quiere ser rico...

NADIE.

Solo los niños que han visto a sus padres ser ricos.

Por eso, tengo una mala noticia que darte.

¡Has sido hipnotizado para repeler el dinero!

La buena noticia es que esto lo vamos a cambiar.

Desde la televisión, hasta la propia sociedad, pasando por nuestros padres y amigos... Todos nos han programado desde pequeños para pensar que *"el dinero corrompe"*, *"que es escaso"*, *"que no crece en los árboles"*, que *"si tienes dinero es que algo ilegal has hecho"*, que *"si tienes un buen coche es porque eres un chulo"*.

Y nuestra mente subconsciente, como verás en el siguiente capítulo, ha sido programada en nuestra infancia para que REPELAMOS el dinero.

Porque si lo tuvieras serías todo eso que te han hecho creer que es el dinero.

Así que, o eres hijo de millonarios o tienes una posibilidad entre un millón de convertirte en uno de ellos.

¿Cuál es la ciencia sobre todo esto?

Muy fácil, lo veremos en el capítulo 1.

"La gente rica cree en sí misma. Cree en su valor y en su capacidad de entregarlo. La gente pobre no, por eso necesita garantías"

T. Harv Eker

CAPÍTULO 1

100 REDES NEURO-NALES OCULTAS EN TU NUCA SON LAS RESPONSABLES DE TUS PROBLEMAS DE DINERO

100 REDES NEURO-NALES OCULTAS SON LAS RESPONSABLES DE TUS PROBLEMAS DE DINERO

En tu cerebro hay 100 pequeñas redes neuronales — situadas alrededor del tálamo— denominadas Formación Reticular que son las encargadas de dirigir tu foco (tus decisiones) sin que tú te des cuenta.

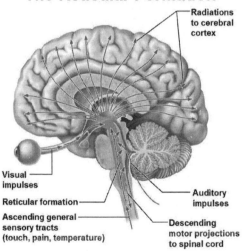

The Reticular Formation

La Formación Reticular se extiende desde la médula espinal hasta el tálamo, es un conjunto de regiones del cerebro evolutivamente muy antiguas y posee una gran variedad de funciones básicas.

Por ejemplo, la regulación del estado de alerta para la supervivencia y la protección durante períodos de adversidad. Algo de lo que se encarga el denominado Sistema de Activación Reticular Ascendente (SARA).

Porque imagina esto…

Recibes unos 70.000.000 de datos por segundo a través de tus sentidos. Necesitas filtrar lo importante y, sobre todo, lo peligroso para poder sobrevivir.

El ser humano ha sobrevivido por su capacidad para detectar los peligros y evitarlos. Ese peligro antes era un león o cualquier otro animal mientras que ahora son cosas imaginarias como el dinero, por ejemplo.

Piensa en tu SARA como un protector que tienes en tu mente y que evita que sufras dolor. Aunque ese "dolor" sea imaginario, como acabo de decirte, y esté relacionado con el dinero.

De este modo, las reglas que tendrás interiorizadas si eres una persona "pobre" serán como estas:

- El dinero corrompe.
- No se puede ser buena persona y rica.
- Si tengo dinero estaré en peligro de que me roben.
- Si tengo dinero pagaré más impuestos.
- El dinero es escaso. Si yo tengo más, otra persona tiene menos.

Todos los niños seleccionados tenían un coeficiente intelectual normal y fueron conectados a escáneres de resonancia magnética para explorar su actividad cerebral durante la resolución de los problemas matemáticos que se les plantearon.

El estudio desveló que los niños más pequeños (entre los 7 y los 9 años) tenían un elevado funcionamiento del hipocampo, que es el área de nuestro cerebro encargada de la memoria y el aprendizaje. Y no solo eso, también se detectó que cada vez eran más rápidos en la resolución de los mismos problemas.

En el caso de los grupos de niños más mayores, y sobre todo en el de los adolescentes, la parte del cerebro que más actividad mostraba era el neocórtex, zona relacionada con el pensamiento y el razonamiento.

Con estos hechos, los científicos destacaron la importancia del hipocampo como pilar para el proceso de aprendizaje y consolidación de la memoria a largo plazo de los niños. Algo que no sucedía en el caso de los mayores que almacenaban esa experiencia en el neocórtex.

---

niendo en cuenta esto, sabemos que de los 0 a los 7 os nuestra mente está en modo aprendizaje. Es en esos primeros años cuando se forman el 90% de las creencias, valores y patrones de comportamiento que tendremos urante toda nuestra vida.

Así que tu Sistema de Activación Reticular Ascendente, que es muy eficiente, te dirá esto: *"El dinero es un peligro, así que evítalo, y si lo ganas, piérdelo rápido para que no nos pueda hacer daño o nos convierta en lo que estas reglas dicen"*.

Y fíjate en algo curioso…

Ponerte objetivos de dinero, o incluso hacer afirmaciones sobre el dinero, o ir a seminarios, no hacen más que mantener este diálogo con tu mente:

—Tú: *Quiero más dinero.*

—Tu mente: *¿Dinero? Es verdad, gracias por recordármelo, porque cuanto más me lo recuerdas más lo evito, porque aunque tú no lo sepas, es peligroso, así que gracias por recordármelo.*

Y cuanta más intensidad le ponemos a este deseo, más lo evita nuestro sistema reticular. Porque el verdadero problema está en esas reglas grabadas en las 100 pequeñas redes neuronales.

Si no cambias eso, tu sistema reticular seguirá evitando y no atrayendo.

Intentar cambiarlo por la fuerza bruta, o sea con afirmaciones, leyendo libros sobre cómo hacerte rico o sobre la bolsa no funciona.

Es como intentar convencer a un amigo del Real Madrid que se haga del Barcelona, no funciona. Cuanto más lo intentas más fan del Real Madrid se hace tu amigo, más razones encuentra para no hacerse del Barça.

Con el dinero pasa lo mismo.

¿Cómo lo cambiamos entonces?

Aquí van las buenas noticias.

Se puede cambiar, si sabemos cómo se crea.

CÓMO SE CREAN LA REGLAS EN TU SISTEM RETICULAR

Nuestro cerebro funciona de manera muy distint somos niños a cuando somos adultos. Hay distir dios, como por ejemplo el realizado por el centr de la Universidad de Stanford que así lo demues

---

Estudio de la Universidad de Stanford

El centro médico de la Universidad de Stanford lizó un estudio, publicado en la revista Nature Ne cience, en el que trataban de explicar por qué hay que aprenden mejor las matemáticas que otros.

El estudio iba orientado también a detectar las difr cias que existen entre el cerebro de un niño y el o adulto.

Para el estudio seleccionaron niños y niñas en 3 ra distintos de edad:

- 28 niños con edades entre los 7 y 9 años
- 20 niños de 14 a 17 años
- Adolescentes de 19 a 22 años

Te
añ
7
ci
du

Así que la solución para eliminar esas creencias aprendidas de pequeño sobre el dinero es volver a nacer, pero esta vez en una familia rica (algo un poco difícil) o desaprender estas reglas que están grabadas en tu subconsciente tal y como las aprendiste en tu infancia.

Cuando se grabaron se dieron 3 factores:

1. **Tu mente estaba, la mayoría del tiempo, en estado Alpha.** Un estado que se asocia con el aprendizaje. Es un modo de nuestro cerebro para poder asimilar más información, poder aprender más y más rápido. En la etapa adulta, para llegar a este estado debe hacerse mediante meditación o tecnología de audios brainwaves.

2. **Tu mente crítica, la que decidía qué aprendizajes se grababan y cuáles no, estaba apagada, no existía.** Por eso, de niño, nos lo creemos casi todo. Si un amigo nos dice que *"con una varita mágica hará desaparecer a nuestros padres"*, lloramos y lo creemos totalmente posible.

3. **Aprendiste de manera subliminal.** Esto significa que lo que has grabado en tu mente sobre los ricos y el dinero no te lo enseñaron en el colegio como una lección más. Lo aprendiste por observación. Por escucharlo de tus padres, de la tele, de la radio… pero sin tener intención de aprenderlo.

De esta manera, si queremos eliminar estos bloqueos, solo lo podemos conseguir si replicamos estos factores.

Y… ¿cómo se replican estos factores?

Usando la hipnosis y más en concreto el método de hipnosis rápida CLRS (*Child learning revivification system*), del que luego te hablaré.

La prueba científica detrás de la hipnosis

¿Qué es la hipnosis?

Es un estado de elevada atención focalizada en el que el sujeto es capaz de relajarse y recibir sugerencias, ya sea durante la hipnoterapia de un terapeuta cualificado o a través de materiales de autohipnosis.

Este estado relajado se conoce como un trance hipnótico y hace que las personas estén más abiertas a las sugerencias de lo que estarían en circunstancias normales.

La validez de la hipnosis

Existen una infinita variedad de estudios clínicos que sirven como testamento al poder y efectividad de la hipnosis. Y las historias de éxito donde la hipnosis se ha utilizado para dejar de fumar, perder peso y controlar el dolor, también son muy extensas. Algunos ejemplos:

- En una sesión grupal de hipnoterapia entre 3000 fumadores patrocinada por la American Lung Association, el 22% reportó no fumar durante un mes después. (The

International Journal of Clinical and Experimental Hypnosis, 2000)

- Durante la radiología quirúrgica, la hipnosis disminuye el dolor y la ansiedad de los pacientes, acorta el tiempo quirúrgico y reduce las complicaciones del procedimiento. (Lancet, 2000)

- La autohipnosis fue exitosa en el alivio de las cefaleas crónicas por tensión entre 169 pacientes. (Revista Internacional de Hipnosis Experimental Clínica, 2000)

- La hipnosis aumenta significativamente la actividad de las células B y las células T, ambos componentes clave de un sistema inmunológico saludable. (Revista Americana de Hipnosis Clínica, 1995)

- En un estudio de 16 sujetos que normalmente experimentaron náuseas y vómitos antes y durante la quimioterapia, la hipnosis alivió la enfermedad en todos ellos. (Oncología, 2000)

La evidencia está en todas partes. Un estudio concluyó que los pacientes que dejan de fumar con hipnosis tienen el doble de probabilidades de permanecer libres de humo que los que dejan de fumar por su cuenta. En otro, la hipnosis demostró ser 3 veces más efectiva que la terapia de reemplazo de nicotina y 15 veces más efectiva que tratar de dejar de fumar por su cuenta. Un estudio de 60 mujeres con sobrepeso concluyó que la hipnosis era 30 veces más efectiva para la pérdida de peso.

Referencias

1. Clifford N. Lazarus, Ph.D. The Truth About Hypnosis. PsychologyToday.com, Jan 29, 2013

2. Wynd, CA. Guided health imagery for smoking cessation and long-term abstinence. Journal of Nursing Scholarship, 2005; 37:3, pages 245-250.

3. University of Iowa, Journal of Applied Psychology, How One in Five Give Up Smoking. October 1992.

4. Cochrane, Gordon; Friesen, J. (1986). Hypnotherapy in weight loss treatment. Journal of Consulting and Clinical Psychology, 54, 489-492.

Antes de conocer el método CLSR necesitas saber los 3 tipos de bloqueos que tienes en tu mente y como eliminar cada uno de ellos.

Esos 3 tipos de bloqueos son:

1. Bloqueos de programación verbal.

2. Bloqueos de modelos de referencia.

3. Bloqueos de incidentes concretos.

Para ejemplificar cada uno de ellos y ver cómo resolverlos voy a usar experiencias personales, para que así puedas ver exactamente cómo se crearon y puedas cambiar los tuyos.

REFUERZA TU APRENDIZAJE

¿Te está interesando lo que has leído hasta ahora? Pues tengo buenas noticias para ti.

Quiero invitarte a mi Masterclass gratuita "Desbloquea tu Abundancia Subconsciente". (escanea el código para ir a la página de registro)

En esta Masterclass veremos un ejercicio de hipnosis para eliminar en directo uno de tus mayores bloqueos de la abundancia y, al final del webinar, te explicaré cómo puedes avanzar aún más rápido con sesiones de coaching diario conmigo.

"Si quieres alcanzar la libertad financiera tienes que convertirte en una
persona diferente a la que eres ahora
y dejar ir aquello que te ha estado
reteniendo en el pasado"

Robert Kiyosaki

CAPÍTULO 2

7 AÑOS EN LA CÁRCEL Y EL MAYOR BLOQUEO DE LA ABUNDANCIA (BLOQUEOS DE PRO-GRAMACIÓN VERBAL)

7 AÑOS EN LA CÁRCEL Y EL MAYOR BLOQUEO DE LA ABUNDANCIA
(BLOQUEOS DE PROGRAMACIÓN VERBAL)

Estos bloqueos son los que se crean por lo que hemos escuchado o leído de pequeños y suelen pasar desapercibidos porque están aprobados socialmente. También se manifiestan en forma de críticas hacia las personas ricas, juicios sobre el dinero y presuposiciones sobre la riqueza.

Cada día se repiten en nuestra mente el 90% de los pensamientos del día anterior; y la gran mayoría de ellos son pensamientos negativos.

Sí, somos muy repetitivos, pero esto es un mecanismo de supervivencia.

Nuestro cerebro más primitivo no quiere que cambiemos porque cambiar significa "peligro". Y hemos sobrevivido estos millones de años por evitar peligros, no por buscarlos. Ya vimos en el capítulo anterior cómo funcionaba el Sistema de Activación Reticular ante este tipo de situaciones.

Así que lo que tu cerebro lleva diciéndote desde que eras pequeño sobre el dinero se ha repetido diariamente en un

90% de los casos. Créeme, son muchos días, muchos pensamientos. Y cada pensamiento es programación verbal.

Para detectar este bloqueo y empezar a cambiarlo te propongo 3 pasos:

1. Pon conciencia en lo que piensas y dices sobre el dinero.

2. Simplemente anota en tu móvil o en un papel cada pensamiento sobre el dinero.

3. No cambies nada.

Solo tienes que ser consciente, sin intentar cambiarlo, solo apuntarlo. Anotándolo durante 7 días vas a descubrir tu programación verbal.

Te voy a contar una historia real para ilustrar este bloqueo y cómo se crean.

Lo recuerdo como si fuera ayer...

Era mediados de febrero de 1992, una tarde fría y con mucho viento. Estaba en Madrid, en el barrio de San Blas, un barrio pobre de la periferia. Estábamos en nuestra casa de 44 metros cuadrados, con cortinas por puertas. El ambiente ese día era especialmente raro.

Mi padre me pidió que saliéramos a dar una vuelta *"porque teníamos que hablar"*. Yo, con 11 años, le dije: *"Sí, papa"*.

Me llevó a un parque enfrente de nuestra casa y me sentó en un banco de madera grabado con nombres de personas, corazones y flechas. Debajo del banco había latas de cerveza y algunas jeringuillas de los toxicómanos que usaban este parque.

Mi padre se sentó a mi derecha y con un tono de voz triste soltó la primera bomba emocional que he vivido: *"Nacho, ¿desde cuándo recuerdas que me conozcas?"*

Me quedé en blanco, tardé unos segundos en reaccionar, hasta que contesté: *"Desde siempre, claro"*.

Después de eso mi padre empezó a contarme la verdad. Me explicó que había estado en la cárcel desde antes de que yo naciera y hasta que yo tuve 7 años.

Esto me dejó helado, imagínate el cortocircuito en mi cabeza. De repente me di cuenta de que no tenía recuerdos sobre él en mi infancia y me sentí completamente desolado.

Pero eso no era lo peor.

Había estado en la cárcel por haber robado, junto con otros amigos, un bar cuando tenía 17 años. En la huída, habían apuñalado a una persona que intentó parar a uno de los participantes en el robo y lna murió.

A mi padre le acusaron del asesinato, aunque él no lo cometió. De hecho, quedó libre a los 7 años porque recibió un indulto del Rey sobre ese delito, si no hubiera tenido que cumplir 14 años de prisión.

Conocer esta historia con 11 años no era lo peor. Sino lo que me contó después.

La familia de la persona asesinada había pedido una indemnización y, aunque mi padre tenía un indulto para salir de prisión, debía pagarla. La policía había ido al trabajo de mi padre a entregarle la notificación y, habían incluso hablado con su jefe, y si no pagaba 2 millones de pesetas podría volver a la cárcel de nuevo.

Imagina mi cara...

Me quedé devastado.

Entonces mi padre me pidió ayuda, me pidió que le ayudara a recoger firmas por el barrio para mandarlas al juzgado e intentar que nos perdonaran la indemnización.

Y eso hicimos.

Te cuento esto porque, ese momento, fue el responsable de un patrón subconsciente sobre el dinero en mi mente que ha provocado que me hiciera rico 3 veces y lo perdiera todo a los pocos meses.

Hoy podría dejar de trabajar y mantener un buen estilo de vida, pero eso no lo he logrado ni trabajando ni emprendiendo. Hoy tengo esta situación porque me vi en la obligación de buscar una solución a mi problema.

Desde los 13 años empecé a trabajar, a emprender, y todo lo que ganaba terminaba desapareciendo. Hasta que a los 26 años, cuando caí en una depresión por haber perdido

50.000€, mi coche y la confianza de mis compañeros de trabajo, empecé a buscar soluciones en un lugar que jamás hubiera imaginado: Mi mente.

Y ese momento en el banco de madera con mi padre fue el inicio de mi "mala programación subconsciente".

Este es solo un ejemplo, y te puedes imaginar cuál era el lenguaje que he oído sobre el dinero durante toda mi infancia:

- Que no hay.
- Que es difícil ganarlo.
- Que los jefes te explotan.
- Que si tienes dinero eres malo.
- Que el dinero te mete en la cárcel.
- Y otras muchas parecidas.

Así que empieza hoy mismo tu diario de programación verbal y anota cada frase, cada pensamiento.

Y usa los fondos de pantalla subliminares que puedes descargar aquí para motivarte. (Escanea el código para ir a la página de descarga).

69

MÁS PERSONAS A LAS QUE HEMOS AYUDADO

"Tenía un estado anímico de abatimiento, de incertidumbre y de temor para dar un paso para mejorar mi situación financiera. De hecho debía dinero a la tarjeta de crédito y había pedido dos préstamos para poder pagarla. Este curso me ha enseñado a ser segura y valiente y a conseguir mis propósitos de vida, me ha ayudado mucho. Mi vida ha mejorado, mi sistema económico también, tengo nuevos proyectos de trabajo en mente. Soy una persona nueva".

Susanna Jiménez. (España)

"He logrado mantener en números verdes mi cuenta bancaria, el dinero llega con mayor facilidad a mi vida, las oportunidades de negocios son más claras. He perdido el miedo a invertir en Forex, me doy cuenta de que Abundancia Ilimitada también me ha ayudado a controlar mis emociones. Actualmente tengo la herramienta ideal para poder planificar el adiós al empleo. De nuevo muchas gracias Nacho y a todo tu equipo. Me siento en familia."

Susana Franco. (México)

"Lo que podemos o no podemos hacer, lo que consideramos posible o imposible, raras veces se encuentra en función de nuestra verdadera capacidad, sino que se trata más bien de una función de nuestras creencias acerca de quiénes somos…"

Tony Robbins

CAPÍTULO 3

2 MILLONES DE PESETAS EN 60 DÍAS O VOLVER A LA CÁRCEL (BLOQUEOS DE MODELOS DE REFERENCIA)

2 MILLONES DE PESETAS EN 60 DÍAS O VOLVER A LA CÁRCEL

(BLOQUEOS DE MODELOS DE REFERENCIA)

Antes de empezar con este capítulo vamos a repasar lo que hemos tratado hasta ahora.

Primero hemos visto cómo tu mente subconsciente, y una parte concreta de 100 pequeñas redes neuronales, son las responsables de tus resultados en cuanto a manifestar abundancia.

De los 0 a los 7 años se crean tus patrones del dinero y, si no has nacido en una familia millonaria y con unos patrones buenos del dinero, es muy probable que tengas bloqueos en esta área.

También hemos visto que el primer tipo de bloqueo que la gente tiene es el de programación verbal, causado por lo que hemos escuchado en nuestros primeros años de vida y que se nos ha quedado grabado en el subconsciente.

Ahora vamos con el segundo tipo de bloqueo: los modelos de referencia.

¿Qué es un modelo de referencia?

Cuando somos pequeños aprendemos por el ejemplo de las figuras de referencia que existen en nuestra vida. La más importante, los padres. También puede ser un abuelo o tutor si no están los padres.

¿Cómo se crean estos bloqueos de referencia?

Se crean por observación, no solo del lenguaje de la persona, sino de su ejemplo, de lo que hace con el dinero.

Por ejemplo, mi padre estuvo en la cárcel hasta que yo tuve 7 años por haber robado en un bar.

¿Qué robó?

DINERO.

Así que por culpa del dinero, perdí a mi padre durante 7 años. Además, cuando salió trabajaba de 8 de la mañana a 2 de la madrugada.

¿Por qué trabajaba?

Por DINERO.

El Dinero me quitó a mi padre.

Esto crea un "ejemplo", que absorbes de tus padres, de lo que es el dinero.

Para mi madre el dinero siempre ha sido un problema y me ha demostrado que era algo escaso. Mi padre evitaba el dinero, se lo daba todo a mi madre. No quería saber nada de él.

Como ves, mucho que aprender de mis modelos de referencia. Como niños, repetimos lo que nuestros padres hacen.

Y las malas noticias son que no repites esto únicamente cuando eres pequeño, lo repites toda tu vida. De hecho, cuando eres niño aceptas lo que ves como real, no te cuestionas si es verdad o no.

Y de mayor, no te lo replanteas. A no ser que estés leyendo este libro, lo que significa que sí te lo has planteado.

¿Cuáles son tus patrones de modelos de referencia?

Vamos a empezar por lo fácil.

Hay 3 tipos de personalidades del dinero. Léelas con atención e identifica cuáles de ellas son tu madre y tu padre:

1. **El gastador.** Es el tipo de persona que, sin importar cuánto dinero tenga, siempre lo gasta. No ahorra nada, solo piensa que el dinero es para gastarlo. ¿Para qué esperar a mañana?

2. **El ahorrador.** Es el tipo de persona que ahorra, ahorra y ahorra por si acaso. Tiene dinero ahorrado, pero desde el miedo, y dejando de vivir hoy como le gustaría.

3. El evitador. No quiere ni mirar el dinero, evita tenerlo, contarlo, medirlo. Solo quiere evitarlo porque trae problemas.

¿Cuál de estos 3 eran tu madre y tu padre?

En mi caso, mi padre era y es evitador, y no ha cambiado, y mi madre era y es gastadora.

¿Qué tiene que ver esto contigo?

Tú eres un reflejo de tus padres. Es más que posible que seas lo mismo que uno de ellos o bien todo lo contrario. Todo lo contrario pero desde la rebeldía.

Y piénsalo, ser igual que tu padre o madre es un acto de lealtad. Si eres igual es porque les quieres. Si eres distinto estás diciendo a tu madre o a tu padre que lo suyo está mal.

Así que piensa, ¿cómo estás actuando ahora, y cómo se cambia esto?

Lo primero es entender que tus padres, con toda su buena intención, te han dado ese ejemplo sin darse cuenta. Son responsables de ello, porque lo hicieron, igual que tú ahora eres responsable del ejemplo que vas a dar a tus hijos, que no tienen la "culpa" de nada.

Lo hecho, hecho está. Ahora toca cambiarlo.

Lo primero es analizar cómo son tus padres, qué ejemplo te han dado y tomar consciencia de que lo estás repitiendo sin darte cuenta. Necesitas darles las gracias por lo que te han dado, pero también reconocer que ahora eres un adulto y tienes tus propias decisiones en cuanto a qué creer.

Así que vamos con los pasos:

PASO 1

Analiza a tus padres y escribe de qué tipo de personalidad son.

Escríbelo aquí:

_____

_____

_____

_____

_____

_____

_____

_____

_____

_____

_____

_____

_____

_____

PASO 2

Reconoce su responsabilidad, pero desde el agradecimiento por haberlo hecho lo mejor que sabían.

Escríbelo aquí:

_____

_____

_____

_____

_____

_____

_____

_____

_____

_____

_____

_____

_____

_____

PASO 3

Decide hoy que vas a creer lo que sea más útil para ti, no lo que aprendiste de pequeño.

Escríbelo aquí:

_____

_____

_____

_____

_____

_____

_____

_____

_____

_____

_____

Y como paso 4 te recomiendo que hagas el ejercicio de programación neurolingüística que te muestro a continuación.

EJERCICIO DE PNL PARA EL TRATAMIENTO DEL DINERO DE TUS PADRES

Lee primero todos los pasos (ya que tendrás que cerrar los ojos para hacerlo) y luego haz el ejercicio.

PASO 1

Toma 3 respiraciones profundas con los ojos cerrados.

PASO 2

Pon la atención en tu respiración y repite en tu mente: *"Con cada respiración que tomo me relajo más y más"*.

PASO 3

Ahora imagina que pudieras ir al pasado, imaginándote tu casa de cuando eras pequeño, y quiero que te sientes en el sillón de tu casa, observando a tus padres hablar.

PASO 4

Empieza a imaginar que van pasando los días y tus padres hablan y hablan, y se comportan con el dinero como hacían entonces.

PASO 5

Toma nota mental de qué dicen, cómo se comportan, cómo tratan el dinero.

PASO 6

Abre los ojos y escribe todo lo que hayas recordado.

Para cerrar este capítulo me gustaría volver a expresar mi agradecimiento a mis padres, y a los padres en general por todo lo que han hecho por nosotros.

Y animar a los padres de ahora a que se hagan responsables de lo que están enseñando a sus hijos sobre el dinero, sobre la abundancia.

REFUERZA TU APRENDIZAJE

¿Aún no te has apuntado?

Inscríbete gratis en mi Masterclass "Desbloquea tu Abundancia Subconsciente". (escanea el código para ir a la página de registro).

En esta Masterclass eliminaré en directo uno de tus mayores bloqueos de la abundancia y, al final del webinar, te explicaré cómo puedes avanzar aún más rápido con sesiones de coaching diario conmigo.

Apúntate ya.

"El dinero es abundante para aquellos que pueden comprender las simples leyes que gobiernan su adquisición"

George Clason

CAPÍTULO 4

MADONNA, 14.000€ Y LA PRIMERA VEZ QUE ME ARRUINÉ (BLOQUEOS DE EVENTOS ESPECÍFICOS)

MADONNA, 14.000€ Y LA PRIMERA VEZ QUE ME ARRUINÉ

(BLOQUEOS DE EVENTOS ESPECÍFICOS)

Una de las formas más rápidas de aprender algo es que sea impactante, único y con un alto contenido emocional. Como por ejemplo, perder 14.000€ (que además no son tuyos) en 5 minutos.

Ahora te cuento más sobre esto, pero antes quiero decirte que este bloqueo te ha pasado algunas veces a ti y otras has visto cómo le pasaba a un ser querido o muy cercano. Por ejemplo, que tus padres se arruinen o que les veas pedir dinero para comer.

Voy a contarte mi ejemplo para que lo veas claro y luego vemos cómo eliminar este bloqueo.

Imagina esto...

Estás en un concierto de Madonna, en Cheste (Valencia). Te has ido en coche, de escapada para poder verlo, y antes de entrar al concierto tenías 30.000€ invertidos en bolsa —que no eran tuyos— y que te daban unos 500-800€ diarios.

Sí, ¡ganaba esa cantidad al día! Pero la verdad es que me lo gastaba también diariamente (como bien aprendí del patrón de gastador de mi madre).

El caso es que, al terminar el concierto, miré el móvil y llevaba perdidos 14.000€. La cifra cambiaba porque la posición estaba abierta, pero oscilaba entre los 12.000 y los 14.000€.

Al verlo me imaginé qué pasaría si lo perdiese todo. Tendría que decírselo a los compañeros a los que convencí para invertir conmigo, vender mi coche, pedir préstamos, lo que fuera para devolverlo...

Esa noche íbamos a dormir en Cheste pero tras el disgusto, preferí que nos volviéramos a Madrid. No podía ni conducir, me temblaban las piernas.

Cuando llegué a casa tuve que decidir si dejaba la posición abierta —confiando en que mejorara— o si la cerraba, perdía 14.000€ y al día siguiente intentaba recuperarlos con los 16.000€ que quedaban.

Decidí cerrarlo y, en un segundo, en un solo click, perdí 14.000€.

No me di cuenta del bloqueo subconsciente que se creó en mí hasta que al día siguiente —y durante los siguientes meses— intenté recuperar el dinero y me resultó imposible.

Siempre me autosaboteaba y terminaba perdiendo más. Hasta llegar a perder 50.000€.

90

Tuve que vender mi coche y mi moto, pedir préstamos y tarjetas, para poder devolver el dinero a mis compañeros.

Y ese bloqueo que se creó me acompañó hasta que conocí la hipnosis.

¿Te suena esta experiencia?

La tuya no tiene por qué ser de esta cantidad de dinero, puede ser de más o de menos. El impacto no es tanto por la cantidad, sino por la sensación de perderlo.

¿Cómo se cambian estos bloqueos?

Lo primero es darte cuenta de que están ahí, aunque no te guste. Necesitamos ver exactamente cómo fue, porque siempre guardamos una imagen poco real del evento ya que las emociones del momento lo distorsionan.

EJERCICIO PARA ELIMINAR EL BLOQUEO DE UN EVENTO ESPECÍFICO

Lee primero todos los pasos (ya que tendrás que cerrar los ojos para hacerlo) y luego haz el ejercicio.

PASO 1

Quiero que te sientes cómodamente, cierres los ojos y respires profundamente 3 veces.

PASO 2

Quiero que te imagines la situación, que la veas y escuches como si estuvieras allí, en el momento en el que este evento sucedió.

PASO 3

Imagina que tienes un mando que puede avanzar el tiempo, retrocederlo o pararlo. Y quiero que lo uses para investigar cómo fue este evento. Revivirlo. Pero como un detective.

PASO 4

Abre los ojos y describe en un papel (o en este mismo libro) el evento tal y como sucedió.

Escríbelo aquí:

_____

_____

_____

_____

_____

_____

_____

_____

_____

_____

_____

_____

_____

_____

Ahora únicamente necesitamos darle otro significado.

Para ello:

PASO 1

Lee la descripción del evento y escribe en un papel (o aquí) el significado que le diste en ese momento. Tal y como se lo dieras en ese momento, no lo que piensas ahora.

Escríbelo aquí:

_____

_____

_____

_____

_____

_____

_____

_____

_____

_____

_____

_____

_____

_____

_____

_____

_____

PASO 2

Di cómo se ha manifestado este significado en tu vida hasta ahora. Escribe qué decisiones has tomado y qué resultados se han manifestado en tu vida por el significado que le diste, sin querer, a este evento.

Escríbelo aquí:

_____

_____

_____

_____

_____

_____

_____

_____

_____

_____

_____

_____

_____

_____

_____

_____

_____

_____

_____

_____

Perfecto, ahora viene lo bueno. Ahora vamos a escribir nuestro nuevo significado.

Prepara de nuevo tu papel y bolígrafo o si lo estás escribiendo en este libro, vamos a ello.

PASO 1

Escribe, mirando la descripción del evento, el nuevo significado que quieres darle. Uno empoderador, uno que te acerque a la abundancia.

Por ejemplo, para mí el significado es que gracias a ese evento me di cuenta de que podía ganar hasta 1.000€ al día sin tener que trabajar. Y que gracias a que perdí este dinero aprendí mucho más sobre la bolsa. Gracias a esa habilidad hoy puedo tener la abundancia que tengo.

Ahora sé que tengo que ser consciente de los riesgos antes de invertir y poner un límite de pérdidas, de ese modo ganaré más dinero aún.

Escríbelo aquí:

_____

_____

_____

_____

_____

_____

_____

_____

_____

_____

_____

_____

_____

_____

_____

_____

_____

PASO 2

Escribe cómo hubieran sido tus decisiones y qué hubiera pasado si hubieses adoptado este significado anterior y no el que se grabó automáticamente.

Detállalo lo máximo posible.

Escríbelo aquí:

_____

_____

_____

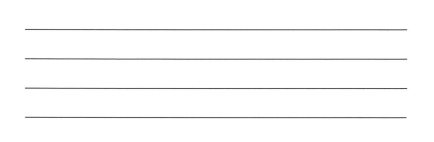

¡Enhorabuena!

Ahora toca llevarlo a la mente subconsciente, así que repite el ejercicio de cerrar los ojos, respirar 3 veces. Quiero que te imagines que te sucede nuevamente ese evento, y nada más pasar, le das el nuevo significado.

Pasan los días pero todo es distinto porque tomas decisiones nuevas, esto es un ejercicio de imaginación, no intentamos cambiar el pasado, pero sí reescribir nuestras memorias.

Así que imagina cada paso, cada decisión, a todo color. Cuando llegues al momento actual quiero que vayas incluso al futuro y que veas cómo serán tus decisiones y sus resultados.

¡Bien!

Repite este ejercicio un par de veces para terminar de hacerlo calar en ti.

"Todo el mundo piensa en cambiar el mundo, pero nadie piensa en cambiarse a sí mismo"

Lev Tolstói

CAPÍTULO 5

EL MÉTODO CLSR PARA ELIMINAR TUS BLOQUEOS DE LA ABUNDANCIA

EL MÉTODO CLSR PARA ELIMINAR TUS BLOQUEOS DE LA ABUNDANCIA

Si recuerdas, en el capítulo 1 te hablé de cómo nuestro cerebro funciona de manera muy distinta cuando somos niños a cuando somos adultos. Y para ello me basé en el estudio realizado por el centro médico de la Universidad de Stanford que así lo demuestra.

Según se desprende de las conclusiones de este estudio, el 90% de las creencias, valores y patrones que tendremos durante nuestra vida se generan en nuestro cerebro entre los 0 y los 7 años.

Te recuerdo también que, cuando esos pensamientos quedaron grabados en nuestro subconsciente, se dieron 3 factores para ello:

1. **Tu mente estaba, la mayor parte del tiempo, en estado Alpha**, que se asocia con el aprendizaje. Es un modo de nuestro cerebro para poder asimilar más información, poder aprender más y más rápido.

2. **Tu mente crítica, la que decidía qué aprendizajes se grababan y cuáles no, estaba apagada**, no existía. Por eso los niños se lo creen todo con mucha más facilidad, porque no saben discriminar un pensamiento negativo de uno positivo.

3. Aprendiste de manera subliminal. O lo que es lo mismo, aprendiste por observación. Por escucharlo de tus padres, de tus familiares, de los medios de comunicación, pero sin tener intención de aprenderlo, simplemente se quedó grabado.

Por eso, para eliminar esos bloqueos de la abundancia (los 3 que te acabo de explicar), se debe acceder a nuestro subconsciente, volver a esos años en los que aprendimos esas creencias negativas sobre el dinero, y cambiarlas.

Y eso, solo es posible hacerlo utilizando la hipnosis. Y en concreto el método de hipnosis rápida que denominé CLSR.

CLSR son las siglas de *Child Learning Stage Revivification* y cuya traducción podría ser algo así como "revivificar el estado de aprendizaje de los niños".

Es el único método que mezcla:

- Brainwaves (o sonidos binaurales)
- Mensajes subliminares
- Hipnosis

Y es el único método posible para acceder al Sistema Reticular y revertir el estado de tu cerebro al mismo que cuando tenías 7 años.

Sobre la hipnosis ya te hablé largo y tendido en el Capítulo 1. Así que ahora me centraré en las otras dos técnicas:

BRAINWAVES

Antes de ver cómo utilizar los sonidos binaurales —o brainwaves— para alterar las ondas de nuestro cerebro, quiero explicarte qué son esas ondas y cómo funciona nuestro cerebro con cada una de ellas.

El origen de todos nuestros pensamientos, emociones y comportamientos está en la comunicación que se produce entre las neuronas dentro de nuestro cerebro. Esa comunicación entre masas de neuronas genera unos impulsos eléctricos sincronizados que se denominan ondas cerebrales.

Estas ondas cerebrales cambian en función de lo que estamos haciendo o sintiendo. Su velocidad se mide en ciclos por segundo y, en base a estas dos premisas, se establecen 4 categorías de ondas cerebrales:

1. **Las Ondas Beta:** Tienen una amplitud relativamente baja y son las más rápidas de las cuatro ondas cerebrales. Se producen cuando el cerebro se despierta y participa activamente en actividades mentales y su frecuencia oscila entre 15 y 40 ciclos por segundo.

2. **Las Ondas Alfa:** Son más lentas y de mayor amplitud. Su frecuencia oscila entre 9 y 14 ciclos por segundo. Una persona que ha com-

pletado una tarea y se sienta a descansar está en un estado alfa. Una persona que se toma un tiempo para reflexionar o meditar generalmente se encuentra en un estado alfa.

3. **Las Ondas Theta:** Son de frecuencia aún más lenta que las alfa —normalmente entre 5 y 8 ciclos por segundo— y se producen en un estado en el que las tareas se vuelven tan automáticas que se puede desconectar mentalmente de ellas, por ejemplo, mientras conducimos por la carretera, salimos a correr o estamos en la ducha. En este estado suelen producirse buenas ideas ya que se trata de un flujo libre y ocurre sin censura ni culpa. Típicamente es un estado mental muy positivo.

4. **Las Ondas Delta.** Son las de la mayor amplitud y frecuencia más lenta. Normalmente se centran en un rango de 1,5 a 4 ciclos por segundo. Nunca bajan a cero porque eso significaría que tienes muerte cerebral. Serían las ondas que se generan mientras dormimos y estarían entre los 2 y 3 ciclos por segundo.

De este modo, los sonidos binaurales se utilizan para incidir de forma directa sobre el cerebro de una persona y cambiar el estado en el que se encuentra mediante la difusión de una frecuencia de ondas determinadas.

Para poder acceder al subconsciente y comenzar a eliminar los bloqueos de la abundancia debemos llevar al cerebro a estado Theta que es, como te acabo de decir, el estado en el que se producen las buenas ideas y su flujo sucede sin censura ni culpa. Es, por tanto, el estado ideal para eliminar esas malas creencias e incorporar las nuevas.

Descarga tu brainwave

Para que puedas experimentar los sonidos binaurales en primera persona quiero regalarte este audio que podrás utilizar cada vez que lo desees.

MENSAJES SUBLIMINARES

En términos generales, el mensaje —o audio— subliminal se refiere a los sonidos que son reproducidos a un nivel que no podemos oír, pero que nuestra mente subconsciente sí es capaz de percibir.

Tu mente tiene un elemento consciente y un elemento subconsciente. La parte consciente, como su nombre lo indica, funciona cuando uno está consciente y despierto. La parte subconsciente, sin embargo, siempre está encendida, siempre absorbiendo sensaciones e información sin importar lo que estés haciendo.

Una manera de entenderlo es pensar en tu mente como un iceberg. Tu mente consciente es el pedacito del iceberg que puedes ver, digamos el 10% de la masa total, mientras que el resto está formado por tu mente subconsciente. Eso nos da una idea de lo poderosa que es.

El subconsciente, como te he venido contando a lo largo de este libro, recoge información que no siempre conoces y que almacena en tu mente. Si recoge suficiente información con relativa frecuencia, esa información gradualmente se convertirá en parte de lo que eres.

De este modo, si eliminamos los bloqueos de la abundancia que hasta ahora tienes grabados y los sustituyes por las creencias nuevas que te he ido enseñando, tendrás el potencial para cambiar la manera en que piensas y, por extensión, la forma en que te comportas con respecto al dinero.

Como escribe el Dr. Joseph Murphy en su libro *El poder de tu mente subconsciente*, "cambia tus pensamientos, y cambiarás tu destino".

La validez de los audios subliminales

Existen multitud de estudios documentados que prueban la eficacia de la tecnología de audio subliminal:

- El Dr. Norman Dixon, psicólogo del Colegio Universitario de Londres, cita en su obra académica *Procesamiento Preconsciente* 748 referencias a estudios sobre los efectos de la comunicación subliminal, con más del 80% de resultados positivos.

- Una clase de 60 estudiantes de derecho se dividió en dos, con un grupo expuesto a estímulos subliminales y el otro no. Los estudiantes que recibieron los estímulos obtuvieron puntuaciones más altas que sus compañeros al final del curso.

- Dos grupos de mujeres con sobrepeso realizaron el mismo curso de pérdida de peso. Uno de esos grupos recibiendo mensajes subliminales de audio y el otro grupo no. El grupo que estuvo expuesto a los mensajes subliminales perdió más peso, y el seguimiento posterior mostró que la diferencia de peso entre los dos grupos había seguido aumentando.

- El psicólogo Dr. Lloyd H. Silverman de la Universidad de Nueva York estudió más de 40 grupos de fumadores. La mitad de cada grupo fue expuesta al audio subliminal, y la otra mitad no lo fue. En solo un mes, el 66% de

111

los miembros del grupo subliminal seguían sin fumar, en comparación con solo el 13% del grupo de control. Esto llevó al Dr. Silverman a postular que la mensajería de audio subliminal hace 4 veces más probable que una persona pueda dejar de fumar.

Referencias:

1. Murphy, Joseph. The Power of Your Subconscious Mind. Wilder Publications, November 2008.

2. Doeden, Matt. Tiger Woods (Sports Heroes and Legends). Lerner Group, September 2005. P 14.

3. Wolman, Benjamin B. Handbook of General Psychology. Prentice Hall; 1st Edition. June 1973

4. Dixon, N. Preconscious Processing. John Wiley & Sons, January 1982.

5. Taylor, E. "Subliminal Information Theory Revisited: Casting Light on a Controversy". Annals of the American Psychotherapy Association. (2007).

6. Parker, K.A. "Effects of Subliminal Symbiotic Stimulation on Academic Performance: Further Evidence on the Adaptation-Enhancing Effects of Oneness Fantasies." Journal of Counseling Psychology.

7. Silverman, L.H., Martin, A., Ungaro, R., and Mendelsohn, E. "Effect of Subliminal Stimulation of Symbiotic Fantasies on Behavior Modification Treatment of Obesity." Clinical Psychology.

8. Silverman, L.H. "Effects of Subliminal Stimulation of Symbiotic Merging Fantasies on Behavioral Treatment of Smokers." The Journal of Nervous and Mental Disease.

¿CÓMO FUNCIONA EL MÉTODO CLSR?

Y ahora que conoces las tres técnicas que conforman el método CSLR es momento de que te explique cómo utilizo cada una de ellas para llegar al subconsciente y eliminar los bloqueos de la abundancia.

La hipnosis y los brainwaves los utilizamos para llevar nuestro subconsciente al estado Theta (ese estado, recuerda, en el que la mente es más sugestionable y en la que los pensamientos son libres, sin ningún tipo de freno).

Una que vez hemos conseguido alcanzar el estado Theta es momento de emplear los mensajes subliminares para eliminar las creencias y patrones sobre el dinero que aprendimos de niño (entre los 0 y 7 años) e introducir los patrones y creencias nuevas. Esas que te devolverán tu derecho a tenerlo todo. Y en este caso, te reconciliarán con el dinero y con la percepción que hasta ahora tenías de él.

"La mejor prueba de que algo puede hacerse es que antes alguien ya lo hizo"

Bertrand Russell

CAPÍTULO 6

AHORA TE TOCA ACTUAR A TI. CONVIÉRTETE EN UN TERMOSTATO

AHORA TE TOCA ACTUAR A TI: CONVIÉRTETE EN UN TERMOSTATO

Llega el momento más difícil: El de actuar.

Ya sabes quién es el culpable de tus bloqueos de la abundancia y hemos trabajado cada uno de ellos para que fuesen eliminados. Pero esto no ha hecho nada más que empezar.

Si te quedas aquí no habrás conseguido nada. Solo has dado un pequeño paso en tu camino para alcanzar la abundancia.

Ahora debes actuar, debes cambiar tu actitud, comenzar a ser un termostato y dejar de ser el termómetro que eras hasta ahora.

Te explicaré esto del termostato con mi propio ejemplo.

Hace 10 años, cuando comenzaba a rondar por mi cabeza la idea de dejar la policía para dedicarme al desarrollo personal, todos mis compañeros (278 para ser exactos) no paraban de decirme *"que no lograría vivir de la hipnosis"* (que fue a lo primero que me dediqué) o que más pronto que tarde *"pediría mi reingreso en la Policía al darme cuenta del error que había cometido"*.

Mi familia también se sumaba a esa negatividad y no paraba de repetirme que *"cómo iba a dejar un puesto de funcionario para dedicarme a emprender por mi cuenta"*.

En definitiva, lo único que recibía por parte de mis compañeros y familiares eran señales negativas para alejarme de mi idea.

¿Qué fue lo que hice?

Te lo puedes imaginar...

No les hice caso.

No permití que ninguno de esos comentarios negativos me hiciese cambiar de opinión y me mantuve firme en mis ideas. Dejé la Policía (con una deuda de 20.000 euros) y emprendí.

A día de hoy puedo decirte que fue la mejor decisión que he tomado en mi vida. Ahora tengo la vida que realmente quiero tener; la vida de mis sueños. No ha habido ningún reto que me haya propuesto en estos años que no haya alcanzado.

Y todo esto lo he logrado porque en su momento (cuando todo mi entorno y circunstancias estaban en mi contra) me mantuve firme en mi decisión y actué como un termostato.

Termostato vs Termómetro

A bote pronto podemos pensar que ambos aparatos similares. Ambos miden la temperatura. Sin embargo las diferencias son enormes.

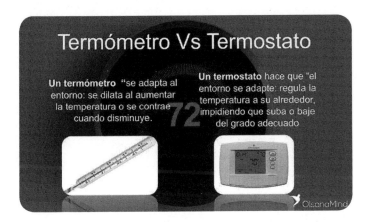

Un termómetro se adapta al entorno. Se dilata cuando aumenta la temperatura y se contrae cuando esta disminuye.

Un termostato, por el contrario, hace que su entorno se adapte a él. Regula la temperatura de su alrededor e impide que esta suba o baje de unos grados determinados.

¿Ves la diferencia?

Yo fui un termostato. No dejé que mi entorno me moviera (me influyese), sino que fui yo quién lo movió a él (me mantuve fijo en mis ideas).

Ahora te toca a ti elegir si quieres actuar como hasta ahora, y ser un termómetro (y dejarte influenciar por las señales negativas que tu entorno te envíe), o dar el paso y actuar como un termostato y ser tú el que tome sus decisiones e influya en las personas que tiene a su alrededor.

De tu decisión dependerá tu éxito para alcanzar la abundancia y la vida que deseas.

PERSONAS QUE FUERON TERMOSTATO

Para que compruebes que no estás solo en esto, quiero mostrarte algunos ejemplos de personas que utilizaron la técnica del termostato y, con todas sus circunstancias en contra, lograron triunfar en su vida.

CONNOR MCGREGOR

Nació en una familia humilde. Tanto que tuvo que dejar el instituto para trabajar como fontanero con su padre.

Fueron años duros. Cansado de este trabajo, lo dejó para dedicarse de pleno a las artes marciales mixtas.

Aún así siempre tuvo problemas de dinero. Incluso durante una época vivió de las ayudas alimentarias de Irlanda.

4 años más tarde se convirtió en campeón de la *Ultimate Championship Fighting* (UFC) en dos categorías: Peso pluma y Peso ligero (el único que lo ha conseguido hasta ahora) y gana 22 millones de euros al año. Sin contar los cerca de 100 millones de dólares que se embolsó en agosto de 2017 por su combate de boxeo contra Floyd Mayweather.

Y todo ello porque no actuó como un termómetro. Aún en los peores momentos actuó como un termostato.

Mantuvo sus estándares y no permitió que nadie cambiase sus ideas. Quería llegar a lo más alto de la UFC y lo consiguió. Hizo que el entorno se adaptase él.

OPRAH WINFREY

Su madre se quedó embarazada de ella siendo una adolescente y ejerció de madre soltera mientras trabajaba como empleada doméstica. En su infancia pasó hambre y pobreza. Fue víctima de abusos sexuales desde los 9 años por parte de un tío, un primo y un amigo de la familia.

Con 14 años se quedó embarazada y el niño murió poco después de nacer. Se escapó de casa buscando una vida nueva.

Hoy es periodista, presentadora, productora, actriz, empresaria y una de las personas más ricas, poderosas e influyentes de EE.UU.

Otro claro ejemplo de persona que no se dejó influenciar por su entorno —y sus circunstancias— y permaneció firme en sus creencias para lograr la abundancia y prosperidad que deseaba.

Pero no quiero hablarte solo de famosos.

Quiero mostrarte también las historias de algunas personas anónimas que han pasado por nuestro seminario online gratuito **"Desbloquea tu abundancia subconsciente"** para que veas cómo les ha cambiado sus vidas.

Por ejemplo JuanJo cuya situación, como él mismo indica, "ha mejorado. Me llegan más clientes, he cerrado dos contratos para dar dos talleres, veo más posibilidades para ampliar mis servicios... y sobre todo, confío más en mi mismo".

Lo mejor de todo, tal y como él mismo señala es que "puedo decir sinceramente, que ha vuelto a renacer un nuevo Juanjo. Un Juanjo que se acepta tal como es, con sus debilidades y fortalezas, y que está dispuesto a trabajar para alcanzar sus sueños y compartirlo con los demás".

Un ejemplo más es el de Francisco, que antes de pasar por nuestro seminario online gratuito **"Desbloquea tu abundancia subconsciente"** se sentía estancado. "Sabía que quería más abundancia" en su vida, pero algo le impedía tomar acción y eso le angustiaba. Gracias al programa pudo identificar "que se trataba de un patrón que seguía y que ni siquiera era mío. Eso fue muy revelador y gratificante".

Ahora, como él mismo explica "siento un poder en mí tremendo. He conseguido reprogramar mi mente y ahora solo me centro en la abundancia y no en la escasez". Además de todo esto, Francisco ha recibido una oferta de trabajo muy interesante y ha empezado un nuevo negocio "que estaba postergando mucho tiempo".

Menudos ejemplos de transformación, ¿no crees?

Dejaron de actuar como termómetros y comenzaron a ser termostatos y todo cambió. Ahora son ellos los que deciden qué hacer y es su entorno el que se adapta a sus ideas.

Ahora que ya lo sabes, tienes dos opciones:

1. Seguir siendo un termómetro, dejarte influenciar por tu entorno y no alcanzar tus metas. Entre ellas la de la Abundancia.

2. O actuar como un termostato, mantenerte firme en tus estándares y hacer que tu entorno se adapte a ti.

¿QUÉ ES PARA TI (AHORA) TENER ABUNDANCIA?

Antes de que leyeras este libro te pedí que escribieras qué era para ti tener abundancia y por qué no la habías conseguido hasta ahora. ¿Lo recuerdas?

Pues bien. Ahora que ya sabes quiénes son los culpables y has hecho los ejercicios que te propongo para eliminar tus bloqueos, quiero que vuelvas a escribir cuál es el concepto que ahora tienes de la abundancia:

Escríbelo aquí:

_____

_____

_____

_____

_____

_____

_____

_____

_____

_____

_____

_____

_____

_____

_____

_____

_____

_____

_____

_____

_____

_____

Genial.

Y ahora quiero que compares ambas respuestas para que tú mismo te des cuenta de cómo ha cambiado tu concepto de la abundancia y cómo alcanzarla.

Y, ¿AHORA QUÉ?

Ahora sabes dónde están tus bloqueos (o estaban): En tu mente, dentro del subconsciente, en esas 100 redes neuronales del sistema reticular.

Ahora sabes que este sistema te guiaba erróneamente hacía lo que no querías: Evitar el dinero.

Hemos visto los 3 tipos de bloqueos que puedes tener: De programación verbal, de modelos de referencia y de eventos específicos.

Y hemos realizado ejercicios para eliminar estos bloqueos.

Y, ¿ahora qué?

¿Por dónde continuar?

Lo primero que te recomiendo es que le expliques, a cuanta más gente mejor, lo que has aprendido y realizado conmigo en este libro. Enseñar es la mejor forma de aprender.

Y lo segundo es leer el libro de nuevo, para conseguir que quede grabado en tu mente.

¿Y si necesitas más ayuda?

Mucha gente me hace esta pregunta y me dice que si con un libro es suficiente para cambiar.

La respuesta es que depende.

Si pones en práctica lo que has aprendido te aseguro que las cosas van a cambiar.

Pero si quieres dar un paso más, y experimentar en directo conmigo una sesión para eliminar tus bloqueos, te recomiendo que te inscribas en mi próxima Masterclass para eliminar bloqueos subconscientes online.

En esta Masterclass veremos un ejercicio de hipnosis para eliminar tu mayor bloqueo y, al final del webinar, te explicaré cómo puedes avanzar aún más rápido con sesiones de coaching diario conmigo.

Ha sido un placer acompañarte en este camino. Mil gracias por haber leído el libro.

Espero que te haya ayudado.

Y recuerda que si quieres dar un paso más en tu camino hacia la abundancia, te espero en mi Masterclass para profundizar en todo ello.

Nacho Muñoz
CEO de OlsanaMind
www.olsanamind.com

¿ME AYUDAS A ELIMINAR LOS BLOQUEOS DE ABUNDANCIA DE MÁS PERSONAS?

Si te he inspirado con este libro y has comenzado a eliminar los bloqueos mentales que te impiden alcanzar la abundancia; si has decidido tomar las riendas de tu vida y recuperar tu derecho a tenerlo todo...

¿Por qué no me ayudas a difundir mi misión y podamos ayudar al mayor número posible de personas a conseguirlo?

Escribe el nombre de 7 conocidos que creas que pueden tener bloqueos de abundancia y a los que este libro podría ayudarles a eliminarlos:

1.

2.

3.

4.

5.

6.

7.

Y ahora, si lo deseas, entra en nuestra tienda y regala un ejemplar a cada una de las 7 personas que has enumerado. Le estarás dando a ella también la oportunidad de eliminar sus bloqueos mentales tal y como ya has comenzad a hacer tú. (escanea el código para entrar en nuestra tienda).

DISTRIBUIDOR OFICIAL

Si quieres ayudarnos a en nuestra misión de devolver el derecho a ternerlo todo al mayor número posible de personas, conviértete en distribuidor oficial de **Abundancia Subconsciente** en tu librería o establecimento comercial.

ABUNDANCIA EN TU EMPRESA

¿Te gustaría regalar **Abundancia Subconsciente** a los empleados de tu empresa? ¿Tienes prevista una jornada de *Team Building* y quieres finalizarla con un regalo que realmente aporte valor a tus trabajadores como es nuestro libro?

Tanto en un caso como el el otro, contacta por email con nuestro departamento de distribución y ventas y te informaremos de las condiciones y ventajas de nuestro programa de afiliados y empresas:

distribución@olsanamind.com

BIBLIOGRAFÍA RECOMENDADA

Vivir con abundancia, de Sergio Fernández

La voz de tu alma, de Laín García Calvo

Prosperidad verdadera, de Yehuda Berg

Los secretos de la mente millonaria, de T. Harv Eker

Poder sin límite, Tony Robbins

El hombre más rico de Babilonia, George S. Clason

Padre rico, padre pobre, Robert. T. Kiyosaki

El código del dinero, Raimon Samsó

Steve Jobs: Lecciones de liderazo, Walter Isaacson

Elon Musk: El empresario que anticipa el futuro, Ashlee Vance

Aprendiendo de los mejores: Tu desarrollo personal es tu destino, Francisco Alcaide

Hagámoslo: Las claves del éxito del fundador de Virgin, Richard Branson

Piense y hágase rico, Napoleon Hill

Cómo ganar amigos e influir en las personas, Dale Carnegie

15 leyes indispensables del crecimiento, John C. Maxwell

El MBA de la vida real: Guía práctica para triunfar, Jack Welch y Suzy Welch

Las 7 reglas espirituales del éxito, Deepak Chopra

El poder del ahora, Eckhart Tolle

Tráguese ese sapo, Brian Tracy

El Tao de Warren Buffett, David Clark y Mary Buffett

El millonario de la puerta de al lado, Thomas J. Stanley

La ciencia de hacerse rico, Wallace D. Wattles

Nos encuentras en:

www.olsanamind.com

SÍGUENOS EN
LAS REDES SOCIALES

@nachomcm

facebook.com/nachomcm

youtube.com/user/mktaldesnudo

@nachomcm